les cahiers martine

D'après les albums de Gilbert Delahaye et Marcel Marlier

révise le programme en t'amusant !

À l'attention des parents

Votre enfant appréciera dans cet ouvrage la dimension ludique apportée par Martine mais aussi et surtout, il bénéficiera de l'apport pédagogique d'un vrai cahier d'exercices comprenant les connaissances essentielles pour un enfant de 3 ans en petite section de maternelle, conformément aux Instructions officielles de l'Éducation nationale. Les exercices proposés dans ce cahier facilitent l'apprentissage du programme scolaire et utilisent les connaissances acquises au cours de l'année.

Les exercices suivent la progression du programme de petite section de maternelle. Ils visent à développer les repères spatio-temporels. En mathématiques, l'enfant apprend les chiffres. La découverte du monde met l'accent sur l'éveil, la curiosité, la recherche, tout en apportant des repères scientifiques et artistiques.

Vous trouverez en bandeau en haut de chaque page les compétences sollicitées. Elles doivent permettre à votre enfant de développer son autonomie face à un travail scolaire. Toutefois, votre aide lui sera précieuse.

À l'attention des enfants

Avec ce cahier, tu vas pouvoir réviser tout le programme en t'amusant. Martine et ses amis vont t'accompagner tout au long des pages. Tu verras, il leur arrive quantité d'aventures passionnantes.

Les exercices sont souvent faciles, mais parfois tu devras réfléchir davantage.

Les matières sont indiquées, en haut de chaque page, dans le bandeau de couleur : « Langage », « Découverte du monde », « Découvre une histoire de Martine ». Dans la page, les sujets traités sont indiqués dans des rectangles colorés : « Compréhension », « Graphisme », « Coloriage »… Tu peux ainsi commencer par ce qui te plaît le plus.

Les consignes sont écrites en bleu, elles te permettront de faire ton exercice sans erreurs. Si un mot te gêne, n'hésite pas à demander à un adulte. Le programme est si vaste que nous avons dû faire un choix; j'espère qu'il te conviendra !

Bon courage et amuse-toi bien avec Martine !

Conseils aux parents :
Plus tôt vos enfants entendront une autre langue, plus vite ils se l'approprieront et plus rapidement ils développeront des compétences langagières.

Anglais

Reconnais et nomme les personnages principaux.

Martine

Hello Martine !

Martine is a girl.
une fille
a girl

Jean

Hello Jean !

Jean is a boy.
un garçon
a boy

Plume

Hello Plume !

Plume is a cat.
un chat
a cat

Patapouf

Hello Patapouf !

Patapouf is a dog.
un chien
a dog

Martine va au parc

Aujourd'hui, comme il fait beau, Martine vient jouer au parc avec ses petits amis.

– Bonjour, monsieur Julien, dit-elle au gardien.

– Bonjour les enfants. Amusez-vous bien. Mais surtout, n'abîmez pas les fleurs.

– C'est promis, Monsieur Julien.

C'est un endroit merveilleux. On se croirait à la campagne. Qu'est-ce qu'on entend ? C'est l'eau de la cascade qui rebondit sur les pierres.

– Si on prenait un bain de pieds ? dit Martine.

– Venez voir, on est aussi haut que les arbres, crie un garçon en escaladant les rochers.

On grimpe, on glisse, on se bouscule au sommet de la cascade.

Drelin, drelin, drelin…

Ce sont les amis de Martine qui font une course de tricycles.

– C'est François qui est le premier.

– Non, Bernard le dépasse !

Voilà deux futurs champions.

Après la course de tricycles, les enfants se retrouvent autour du grand bassin.
– Regarde mon nouveau voilier.
– Et ma vedette à moteur, elle traverse le bassin sans jamais s'arrêter.

Que faire à présent ?
– Eh bien, allons nous promener en barque.
– Comment ferons-nous pour avancer ?
– Je sais ramer, dit un garçon.
On saute dans la barque en tirant sur les rames.
– Et après, nous ferons le tour du parc en calèche.

Connaissez-vous quelque chose de plus agréable que de faire le tour du parc en calèche ?
– Hue, hue, dit Martine en tirant sur les guides.
– Hihan, hihan, fait le baudet.
Et les grelots attachés au collier du poney semblent appeler de loin les enfants.

Voilà sa majesté le cygne.
– C'est un oiseau des îles, pense Patapouf.
Et le cygne se dit :
– Encore un petit chien qui n'est pas attaché. Il se fera punir par le gardien.
Sur ce, il s'éloigne en secouant la tête.

Dans un coin du parc se trouve le bac à sable.
On creuse, on fouille. Martine et ses amis font des pâtés avec le moule qu'ils ont trouvé.
Patapouf, lui, a trouvé un très beau seau. Il lui va très bien, d'ailleurs.

– Qui vient jouer avec moi ?
– Où ça ?
– Sur le toboggan, près du bac à sable.
Chacun court, grimpe, pousse le voisin. Martine prend place sur le toboggan.
– Attention, Patapouf, j'arrive !
C'est sûr, on ne s'ennuie pas sur le toboggan !

Aux balançoires, on s'amuse tout autant :
– Monte avec nous, Martine.
– Assieds-toi là, Patapouf.
– Attendez, attendez, dit une petite fille.
– En avant ! crient les garçons.
Tout le monde est installé sur la balançoire. On pousse les jambes, on tire les bras. Ça monte et ça descend comme sur un navire.
Il faut bien se tenir.
Le temps passe vite quand on s'amuse.

Vite, la séance de Guignol va commencer. Chacun accourt et prend place. Il était temps !
Trois coup : le rideau se lève.
– Bonjour, les amis !
– Bonjour, Guignol !
– On s'amuse bien ?
– Oui, oui !
– Alors puisque vous êtes sages, nous allons jouer pour vous une histoire merveilleuse…

La séance de Guignol est terminée.
C'est le soir. Les parents de Martine sont venus la chercher au parc.
Mais, avant de rentrer à la maison, tout le monde est allé s'asseoir pour manger une glace et boire un jus d'orange.
Quel bel après-midi !
Martine voudrait bien revenir demain.

Compréhension

1. As-tu bien compris l'histoire ? Raconte à un adulte tout ce que Martine a fait au parc. Et toi, à quoi joues-tu quand tu vas au parc ?

____

____

2. Observe les images et entoure ce qu'on peut trouver dans un parc.

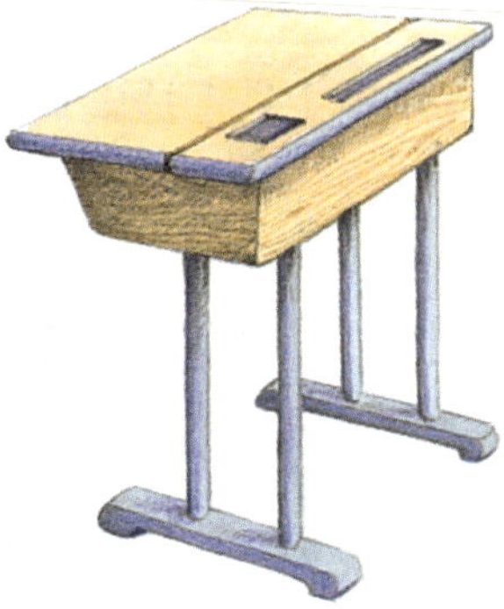

L'eau est très précieuse

Conseils aux parents :
Plus tôt vous donnerez de bonnes habitudes à vos enfants, plus vite ils acquerront de bons réflexes pour contribuer à sauver notre planète. Les gouttes d'eau forment les grandes rivières.

- Tu ne dois pas la gaspiller.
- Tu ne dois pas jouer avec elle.

- Tu ne dois pas laisser couler l'eau, après t'être lavé les mains.

- Tu ne dois pas prendre de bain mais à la place prendre des douches.

- Tu ne dois pas te laver les dents sans utiliser un gobelet que tu remplis pour te rincer la bouche.

Coloriage

– N'abîmez pas les fleurs, dit monsieur Julien à Martine et ses amis.

1. Colorie le cœur des fleurs en jaune et les pétales de la bonne couleur.

2. Entraîne-toi à nommer les trois couleurs que tu as utilisées.

Le tri des déchets

Conseils aux parents :
Dès le plus jeune âge, pour la sécurité de vos enfants et pour protéger leur environnement, apprenez-leur à trier les objets pour les ranger ou pour les jeter : ces gestes simples deviendront rapidement automatiques.

Ne pas jeter les papiers n'importe où ; il faut respecter notre planète et ne pas la polluer.

Colorie les poubelles.

Il faut trier les déchets.

Pour cela,
il faut avoir différentes poubelles.

Une pour les papiers
les cartons
les bouteilles en plastique

Une pour les bouteilles en verre

Une pour les autres déchets

Graphisme

Voici un portrait de Cadichon.

Décore le cadre :
trace des ronds au feutre tout autour,
puis trempe deux doigts de ta main qui dessine
dans la peinture et imprime-les dans les ronds.

Lexique

1. Observe l'image.
- Nomme 4 légumes que tu vois.
- Nomme 2 vêtements de la tenue du cuisinier.
- Nomme 2 objets que tu vois.

2. Pour faire la cuisine, il faut des ustensiles. Avec l'aide d'un adulte, nomme le plus d'ustensiles possible que tu as dans ta cuisine (bol, saladier, louche…).

____

____

____

____

Le nombre

Découpe les vignettes-maisons de la page 24 et colle le nombre de vignettes indiqué par le dé.

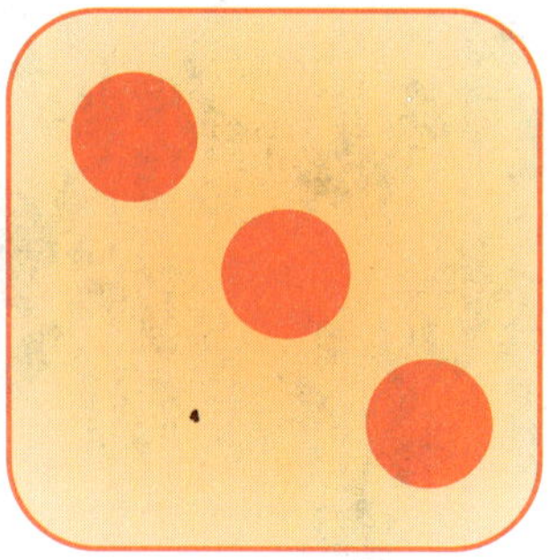

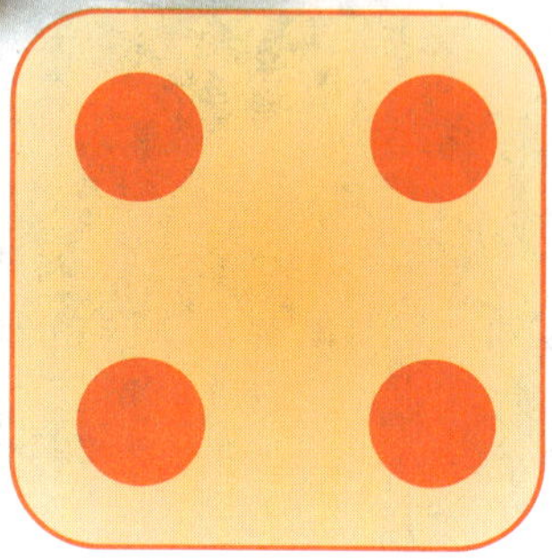

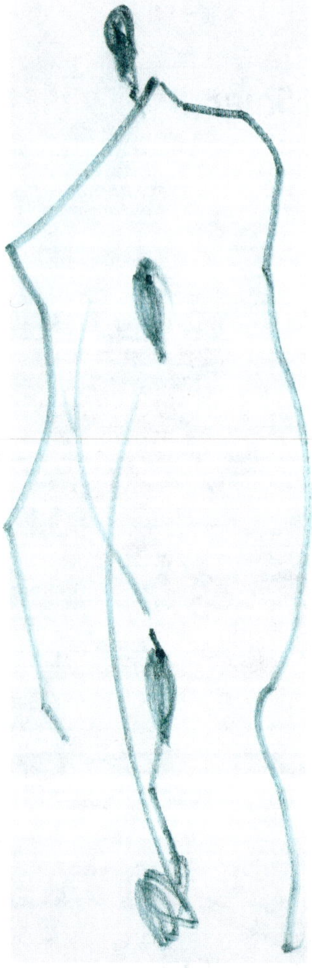

Construction de l'espace

Trace des chemins qui partent des points et qui arrivent aux croix en contournant les animaux.

Martine à la ferme

Comme c'est amusant de se rendre à la ferme en charrette avec Grand-père !

Il faut prendre la route qui traverse les champs de blé, puis, hop !, le petit âne se met à trotter de plus en plus vite.

Enfin, on arrive au beau milieu de la cour. Le cousin Jean-Pierre accueille Martine et son amie Annie. Sans attendre, il les emmène visiter la basse-cour. La maman des poussins a beaucoup à faire. Pensez donc, cinq poussins à surveiller qui marchent depuis deux jours à peine !

Du matin au soir, par beau
ou mauvais temps,
les canards jouent dans
la mare.
Ils savent plonger, la queue
en l'air et la tête sous l'eau.
Les oies, quant à elles, sont
vraiment trop gourmandes.

Elles réclament leur
pâtée à grands cris.
Elles sont si grasses
qu'elles doivent se
contenter de battre
des ailes à défaut
de pouvoir courir.

Les pigeons sont beaucoup plus
sages. Comme ils ont beaucoup
voyagé, les voilà très fatigués.
Perchés sur le sommet du toit,
ils se contentent de roucouler.

Une histoire de Martine

Les lapins ont les yeux
tout ronds et des oreilles
qui n'en finissent pas.
Ils remuent sans cesse
le museau tout en mangeant
les carottes que leur tend Martine.
Le petit mouton blanc est toujours
très obéissant.

Quand il sera grand,
le berger le conduira
sur la colline brouter
les marguerites.
L'été, il donnera toute
la laine qu'il a sur le dos.
On en fera une couverture
pour Martine et un joli
bonnet pour Annie.

Mais les plus amusants sont
les petits cochons.
Ils agitent les oreilles
et poussent des grognements
du matin au soir.
Maman truie est très fière
de sa progéniture.

Lolo, le petit veau,
joue toute la journée
dans la prairie.
Il porte une jolie robe
chocolat et, quand
il sera grand, il aura
deux cornes bien
dures sur le front.
Parfois, il renverse
le seau de lait,
ce qui ne fait pas
rire la vache.
Noiraud, le poulain
est aussi rapide que
le vent.

Sa maman lui dit :
– Mais ne cours donc
pas si vite !
Alors il s'arrête
de galoper et se roule
dans l'herbe touffue
de la prairie.
Plus tard, il fera
claquer
ses sabots sur
le pavé de
la grand-route.
On l'attellera
à la charrue
de Jean-Pierre et
il tirera la faucheuse
à travers les champs
de blé.

Une histoire de Martine

Médor est le meilleur ami de Jean-Pierre.
La nuit, il ne dort que d'un œil.
C'est lui qui protège la basse-cour. Il donne la patte pour dire bonjour et comprend tout ce qu'on lui dit.

À l'heure du goûter, il y a sur la table du pain, du beurre frais de ferme et de la confiture de groseilles, mais aussi du sucre pour Médor et un doigt de lait pour le petit chat Moustache.

Maintenant, il est temps de reprendre la route avant la nuit.
C'est une belle journée qui s'achève.
– Au revoir tout le monde, crie Martine. Nous reviendrons dimanche prochain !

Vignettes-maisons à découper pour l'exercice de la page 16

Étiquettes-prénoms à découper pour l'exercice de la page 28

Annie	Jean-Pierre	Martine

Pieds à découper pour l'exercice de la page 34

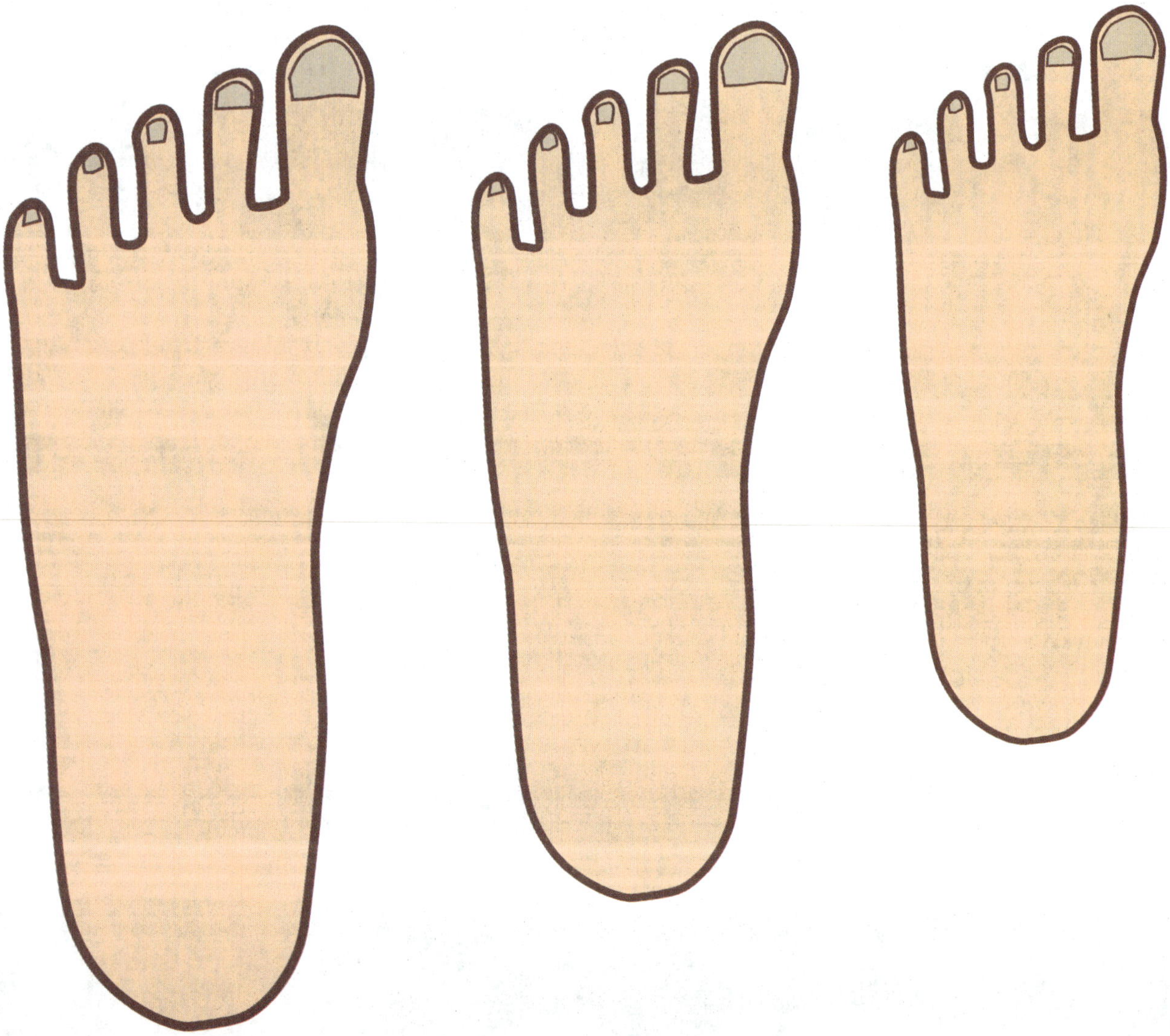

Vignettes-animaux de la ferme à découper pour le jeu de la page 30

Dé à découper et à fabriquer pour le jeu de la page 30

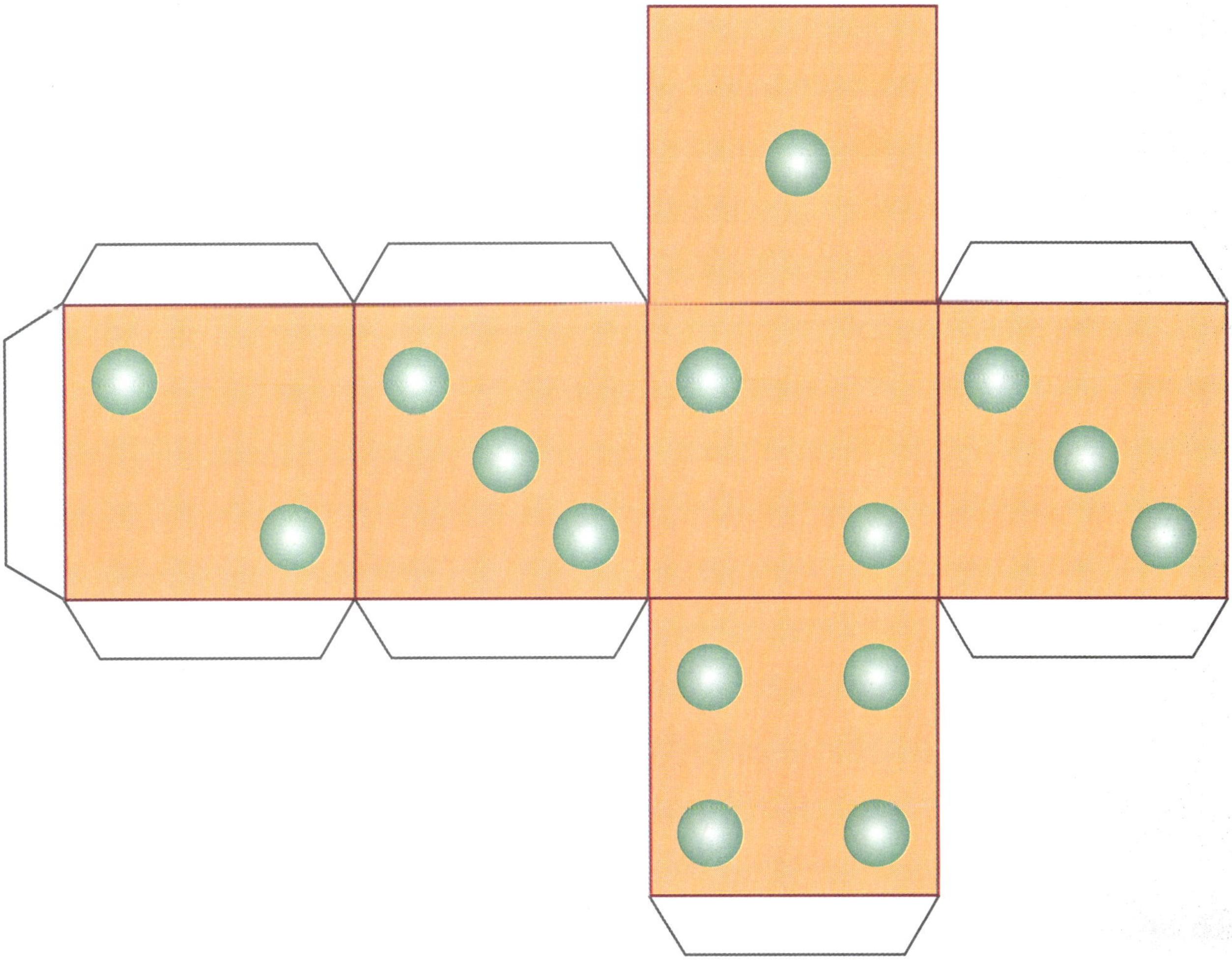

Compréhension

1. As-tu bien compris l'histoire ? Voici deux images.
Raconte à un adulte de quels moments de l'histoire il s'agit.

2. Entoure les animaux que tu as rencontrés dans l'histoire.

Perception visuelle

1. Observe l'image et le prénom des enfants de l'histoire.
Demande à un adulte de découper les étiquettes-prénoms de la page 24 et place-les correctement.

2. Continue le rythme.

Conseils aux parents :
À cet âge, les enfants arrivent bien à mémoriser dans une autre langue et la compréhension se fait plus facilement.

Reconnais et nomme tous les animaux de la ferme.

Répète en anglais après avoir écouté l'adulte.

Les animaux de la ferme

un lapin
a rabbit

un cheval
a horse

une vache
a cow

un cochon
a pig

un mouton
a sheep

une chèvre
a goat

une poule
a hen

un canard
a duck

Un jeu pour apprendre à compter

(Pour 2 joueurs)

Demande à un adulte de découper et de fabriquer le dé de la page 25 ainsi que les vignettes-animaux de la ferme de la page 24.

But du jeu : Recouvrir tous les dés situés sur le chemin par des animaux.

Déroulement : Poser sur la table de jeu toutes les vignettes découpées. Le premier joueur lance le dé et cherche sur le chemin la même face. Quand il l'a trouvée, il la recouvre d'un animal. Puis c'est au tour du deuxième joueur.
Le jeu est fini quand tous les dés du chemin sont recouverts par un animal.

Le nombre

1. Observe, compte les animaux et demande à un adulte d'écrire le nombre qui convient.

• Combien vois-tu de poules ?

• Combien vois-tu de lapins ?

• Combien vois-tu de canards ?

2. Jusqu'où sais-tu compter ?
Compte le plus loin que tu peux et demande à un adulte de le noter sur la bande des nombres.

1	2	3	4	5	6	7	8	9	10	11	12	13	14	15

Le lait

La **vache** fabrique du **lait** dans sa **mamelle**. C'est pour nourrir son petit veau. Quand elle n'a pas de veau, le fermier **trait** la vache. C'est le **lait** que tu achètes au supermarché.

1. Demande à un adulte de te faire goûter :
– du lait écrémé (c'est du lait qui n'a plus de crème) ;
– du lait demi-écrémé (c'est du lait qui contient un peu de crème) ;
– du lait entier (c'est du lait qui a gardé toute sa crème).
Lequel préfères-tu ?

2. Sais-tu que la chèvre fabrique aussi du lait ?

Tu peux en acheter et le goûter. Il n'a pas le même goût que le lait de vache.

Avec le lait, on fabrique des aliments qui aident les enfants à bien grandir : les yaourts, le fromage…
On les appelle les produits laitiers.

3. Cherche un produit laitier et colle son étiquette ci-dessous.

Une recette avec du lait pour tes amis...

(Attention, tu as besoin d'un adulte avec toi !)

Pour faire **un far breton**, tu as besoin d'ustensiles. Il te faut :

- 1 saladier
- 1 fouet
- 1 moule pouvant aller au four.

Pour faire **un far breton**, tu as besoin d'ingrédients. Il te faut :

- 1 litre de lait
- 250 grammes de farine
- 200 grammes de sucre
- 4 œufs
- 150 grammes de pruneaux
- du sucre vanillé

– Fais chauffer le four au thermostat 7.
– Mets dans le saladier la farine et ajoute les œufs un par un.
– Mélange bien avec le fouet.
– Ajoute le sucre et le sucre vanillé.
– Ajoute lentement le lait et continue de mélanger.
– Pose les pruneaux au fond du moule.
– Fais cuire au four pendant une heure.
Tu peux le déguster tiède ou froid.

Bon appétit !

(N'oublie pas de faire la vaisselle !)

Mesures et grandeurs

Demande à un adulte de découper les trois pieds de la page 25. Tu dois trouver les chaussures qui leur conviennent.

• À ton avis, est-ce qu'il y a une chaussure où tous les pieds pourraient rentrer ?

• Quelle chaussure ne peut habiller qu'un seul pied ?

• Quelle chaussure ne peut chausser aucun pied ? Pourquoi ?

Mesures et grandeurs

Patapouf ne mange que des os de sa taille.
Relie les chiens aux os qui conviennent.

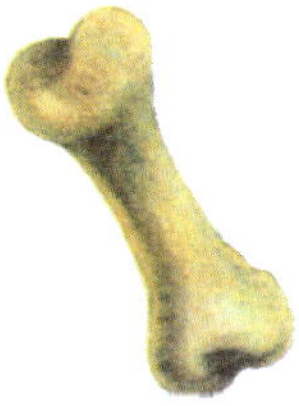

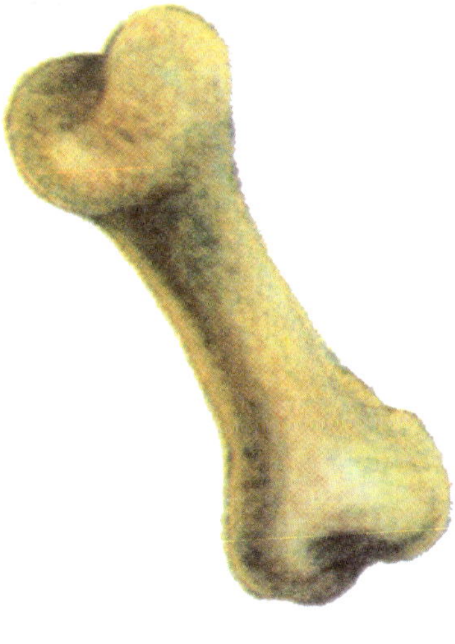

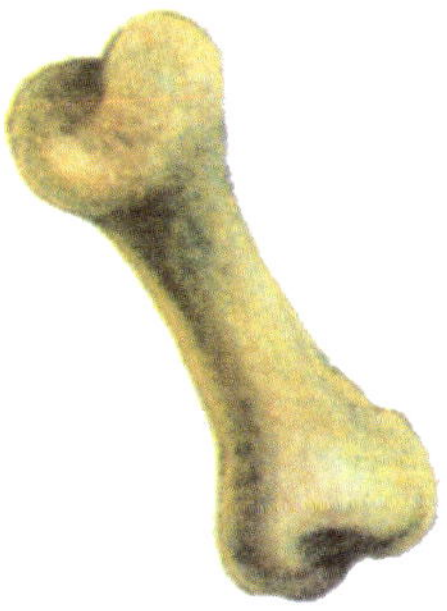

Compréhension

1. Demande à un lecteur de te lire cette histoire courte. Sois très attentif car il n'y a pas d'image pour t'aider à comprendre !

Pour l'anniversaire de Martine, Papy et Mamie lui ont offert un puzzle, un livre et des bonbons.
Martine est très contente.
Mamie dit :
– Assieds-toi sur le canapé, je vais te lire une histoire : celle du lièvre et de la tortue.
Martine écoute l'histoire en mangeant les bonbons.
Elle fera son puzzle une autre fois.

2. As-tu bien compris l'histoire ?

- Qu'offrent Papy et Mamie pour l'anniversaire de Martine ?

- De quels animaux parle l'histoire de Mamie ?

- Que mange Martine en écoutant l'histoire ?

Graphisme

Le ruban du cadeau de Martine fait de jolies boucles. Continue de les tracer.

Dessin

Comme Martine,
fais un très beau dessin.

Construction de l'espace

Pour chaque image, explique à un adulte où se trouvent les personnages.

• Où est Patapouf ? (entre)

• Où passe le garçon ? (sous)

• Où est Martine ? (sur)

• Où sont les enfants ? (dans)

• Où est la petite fille ? (sur)

• Où est le chat ? (sous)

Un jeu pour mémoriser les nombres…

Les chapeaux de soleil

As-tu pensé à rassembler une collection de 18 bouchons de bouteilles d'eau ?
Oui ? Bravo, tu vas pouvoir jouer !
Tes bouchons serviront de chapeaux de soleil aux personnages.
Tu utiliseras le dé de la page 24, que tu auras découpé et collé avec l'aide d'un adulte.

Un adulte doit être présent pour vérifier le jeu.

Nicole

Cynthia

Ludo

Christophe

Patapouf

Monsieur Surcoff

Isabelle

Moustache

Cyclamen

Combien de voyages as-tu fait ?

But du jeu : Poser un chapeau de soleil sur chaque tête.

Règle du jeu : Rassemble tous les bouchons sur une table éloignée du jeu.
Il faudra te déplacer pour aller les chercher.
Lance le dé. Va chercher autant de chapeaux que l'indique le dé, sur la table à chapeaux.
Attention ! Tu ne dois pas oublier le nombre en chemin !
Pose les bouchons que tu as rapportés sur chaque tête et continue jusqu'à ce que tu aies rapporté juste ce qu'il faut de chapeaux.

Maman

Papa

Jean, son frère

Philippe, son frère

Martine

Alain, son frère

Grand-père

Grand-mère

Tante Lucie

Tu peux rejouer autant de fois que tu le souhaites.

Logique

Entoure tout ce qui peut servir à se promener.
Essaie d'expliquer tes choix à un adulte.

Tri

Tu ne colories que les décorations rondes.

Perception visuelle

1. Pour chaque série d'images, tu expliques à un adulte si tu vois les mêmes personnages.

2. Continue le rythme.

Graphisme

Trace les barreaux de la cage de Martine.

Anglais

Compréhension

Demande à un adulte de te lire la comptine en français, puis en anglais et répète après lui.

Head and shoulders
Knees and toes
Knees and toes

Head and shoulders
Knees and toes
Knees and toes

Eyes and ears
And mouth and nose
Head and shoulders
Knees and toes
Knees and toes

Tête, épaules
Genoux et orteils
Genoux et orteils

Tête, épaules
Genoux et orteils
Genoux et orteils

Oeil, oreilles, bouche et nez
Tête, épaules
Genoux et orteils
Genoux et orteils

Conseils aux parents :
C'est à cet âge que les enfants prennent conscience de leur corps et peuvent construire le schéma corporel en verbalisant et en acquérant un vocabulaire spécifique.

Apprends à reconnaître et à nommer toutes les parties de ton corps en français puis en anglais.

tête – head

épaule – shoulder

bras – arms

main – hand

jambe – leg

genou – knee

pied – foot

head – tête

shoulder – épaule

arms – bras

hand – main

leg – jambe

knee – genou

foot – pied

Direction de l'édition
Bertrand-Pierre Échaudemaison

Auteurs, enseignants auteurs de l'ouvrage
Madeleine Cardosi
Bertrand-Pierre Échaudemaison
Isabelle Fabarez
Nathalie Reynaud

Illustrations autres que Martine
Nadette Charlet pour les Éditions Casterman

Création de la maquette
Hélène Magnier et Bertrand-Pierre Échaudemaison
pour Éclairs de Plume

Mise en pages
Hélène Magnier

Relecture et correction
Huê Trinh Bâ
Christine Descoins

Achevé d'imprimer en mars 2010, en Roumanie.

Dépôt légal : mai 2010